Charles-Tanguy Le Roux

Gavrinis

Sauf mention contraire les photographies sont de D. Truffaut

En haut : dalle 18

En bas : vue aérienne du cairn à la pointe sud de l'île.

Éditions Jean-Paul Gisserot

www.editions-gisserot.eu

Pour se familiariser avec le site

Un peu de géologie

La péninsule armoricaine est sans doute l'une des plus vieilles terres de l'Europe occidentale puisque, par places, des roches accusant plus de 2 milliards d'années y sont encore visibles. C'était donc déjà un bien vieux pays lorsque commença pour lui, il y a quelque 350 millions d'années, la période tourmentée des puissants plissements hercyniens et des montées granitiques associées (dont celle du "granite de Carnac" si largement mis à contribution par les bâtisseurs de mégalithes).

Comparativement, l'ère quaternaire qui commence il y a environ 2 millions d'années, c'est hier ou presque. Mais cette période –ridiculement courte à l'échelle géologique bien que démesurément longue à l'échelle humaine– est marquée par une grande instabilité du climat. La dernière grande période froide, la glaciation de Würm, est à son paroxysme il y a 25 000 ans environ –une dizaine de millénaires avant que l'on ne décore la grotte de Lascaux. La masse d'eau alors retenue sous forme de glace sur les continents provoque la baisse du niveau des océans –plus d'une centaine de mètres : la Manche et tout le nord du Golfe de Gascogne sont a sec.

Il y a 10 000 ans, le redoux provoque la fonte rapide des glaciers et une remontée brutale de la mer : au début du Néolithique, il y a 6 500 ans, celle-ci n'est plus qu'à 7 ou 8 m. en dessous de son niveau actuel, lequel se stabilisera après quelques soubresauts vers le début de l'ère chrétienne, il y a 2 000 ans. On estime que la mer a commencé d'envahir la cuvette qui est aujourd'hui le Golfe du Morbihan il y a une dizaine de millénaires en s'insinuant dans les principales vallées par leur embouchure commune, entre les pointes de Port-Navalo et de Kerpenhir.

En haut : vue aérienne de l'île de Gavrinis.
Au nord du cairn, la ferme a remplacé l'ancien prieuré.
Les parcs à huîtres, visibles à marée basse, correspondent à des basses terres encore émergées et probablement cultivées au Néolithique - (© Maurice Gautier).

Pointe sud de l'île de Gavrinis ; vue générale depuis Er-Lannic.

L'île et son nom

Au moment de sa construction, il y a sans doute un peu moins de 6 000 ans, le cairn de Gavrinis devait donc dominer un estuaire étroit, déjà profond et parcouru par les courants de marée. Celui-ci était tantôt encaissé entre des collines (les actuelles îles), tantôt bordé de terres basses qui n'allaient pas tarder à être submergées pour former ces vasières qui font aujourd'hui le bonheur des oiseaux migrateurs et de l'ostréiculture morbihannaise.

Au premier abord, le nom actuel de Gavrinis semble pouvoir se traduire directement du breton par "Île de la chèvre", mais une forme ancienne, Gaverné, montre qu'il faut se méfier des fausses évidences. Il existe en effet un radical vieux celtique, *Govero–*, qui est associé à l'idée de torrent encaissé ou de ravin (cf. le français gouffre) ; or l'île borde précisément le chenal submergé de la rivière de Vannes, là où les courants y sont les plus violents et les remous les plus impressionnants. Gavrinis pourrait donc plus vraisemblablement être "l'île du torrent" ou "l'île du gouffre".... Avis aux navigateurs !

Carte du golfe du Morbihan - (© éditions Gisserot).

LES BRUMES DU TEMPS

A contempler le paysage de l'entrée du Golfe depuis le monument, il apparaît évident que ce dernier occupe une position stratégique idéale pour contrôler la navigation. Malgré cela, les allusions à Gavrinis font cruellement défaut dans les textes anciens ; les documents archéologiques montrent cependant que l'on s'est de tout temps intéressé à cet endroit.

Dès l'époque de la fameuse Guerre des Gaules qui vit entre autres la déroute de la flotte vénète face aux galères romaines en 53 av. J.-C., l'île semble avoir été occupée comme le montrent des tessons d'amphores et de poterie sigillée ainsi qu'une meule domestique rotative retrouvés épars sur les flancs du tumulus.

En haut : pointe sud de l'île de Gavrinis ; vue aérienne à marée basse - (© C.-T. le Roux).

À gauche : vue aérienne du cairn : l'entrée du dolmen s'ouvre au milieu de la façade sud-est.

Photographie de Gustave de Closmadeuc - 1872 : Le Christ. Photographies Christophe Renault, avec l'aimable autorisation de la Société Polymathique du Morbihan.

▲ Pichet globulaire à bec pincé en terre cuite, à une anse, percé de nombreux trous pour servir de vase à parfums ou à encens - XIIe - XIIIe siècle.

Au Moyen-Age, un établissement monastique est attesté sur Gavrinis –la tradition parle de "moines rouges", c'est à dire de templiers. Les derniers vestiges en furent rasés au début du 19ème siècle pour installer la ferme actuelle ; des tombes furent alors mises au jour ainsi qu'un crucifix byzantin en cuivre ciselé, originellement doré et gemmé. Il est possible que le rôle des moines ait comporté, comme cela était courant, une fonction de vigie. Peut-être même leur devons-nous l'excavation en cratère qui donnait jadis au cairn une allure de "mini-volcan" si caractéristique sur les gravures anciennes ; celle-ci pouvait fournir tout à la fois un abri sommaire et un observatoire discret. Au fond de l'excavation, quelques fragments de poterie médiévale s'étaient en tout cas perdus parmi les pierres...

▲ Pichet à bec verseur en terre cuite, à une anse, percé pour servir de vase à encens lors de funérailles - XVe siècle.

Vase ovoïde en terre cuite percé de nombreux trous, pour servir de vase à parfums ou à encens pendant la cérémonie des funérailles - XIIe - XIIIe siècle. ▼

▲ Le Petit-Mont (Arzon) - (© Christophe Renault).

La première allusion à Gavrinis que l'on connaisse figure dans le *Grand routier* de Garcie Ferrande, recueil d'instructions nautiques publié en 1521. Le nom n'apparaît pas encore mais les repères donnés pour entrer dans le Golfe mentionnent des "Montjoies" qui ne sont autres que les grands tumulus de Tumiac, du Petit-Mont, du Mané-er-Hroeg, de l'Ile-longue et de Gavrinis.

Après la tourmente révolutionnaire, l'île de Gavrinis arrive entre les mains d'un homme dynamique, M. Cauzique, qui entreprend de la défricher et d'y installer des fermiers. Ce faisant il détruit les derniers restes du monastère mais dégage le tumulus et, en 1832, redécouvre, au fond du cratère, une anfractuosité conduisant à la chambre du dolmen, déjà vidée de longue date semble-t-il.

Le propriétaire obtient alors les appuis nécessaires pour dégager cette crypte et son couloir d'accès encore bourré de pierrailles. Le travail n'était pas encore terminé en 1835 pour accueillir Prosper Mérimée (l'écrivain, également inspecteur des monuments historiques, nous a laissé une savoureuse et précieuse description de cette visite dans ses "notes d'un voyage dans l'Ouest de la France").

Des fouilles complémentaires furent menées en 1881-1884 par l'archéologue G. de Closmadeuc, devenu entre-temps propriétaire de l'île et, de 1925 à 1927, une présentation sommaire fut aménagée par Z. Le Rouzic avant que le monument ne soit racheté par le département du Morbihan en 1961.

L'intérieur de Gavrinis - La Bretagne contemporaine 1864-66.

▲ L'île d'Er-Lannic à marée basse : l'enceinte inférieure, toujours submergée, s'étend presque jusqu'à l'emplacement du voilier - (© Maurice Gautier).

▲ Tumulus de Tumiac à Arzon - (© Jean-Paul Gisserot).

LA REPRISE DES RECHERCHES

En haut : Vue générale du cairn montrant le système des parements en écailles et la façade concave.

En bas : Le couloir. À droite, dalle 9 (grand signe en écusson central, surmonté de son rostre, lui-même dilaté en un écusson secondaire. Latéralement, arceaux emboîtés horizontaux.

Depuis sa découverte, le monument de Gavrinis est unanimement considéré comme exceptionnel à double titre :

– Au plan architectural, c'est, juste après le Mane-Rutual de Locmariaquer, le plus long dolmen à couloir que l'on connaisse en Bretagne avec près de 16 m. de long ; c'est aussi une construction des plus soignées avec sa structure presque exclusivement en grandes dalles assemblées avec précision ; c'est enfin l'un des mieux conservés, sous son cairn culminant encore à plus de 6 m de hauteur.

– Au plan artistique, c'est de loin le monument mégalithique le plus somptueusement décoré de Bretagne et l'un des tout premiers en Europe ; 23 des 29 piliers en sont ornés, le plus souvent dans leur quasi intégralité, ce qui représente une magistrale composition de près de $50 m^2$.

Les fouilles et les études architecturales

Le dolmen intérieur

C'est, nous l'avons vu, la première structure à avoir attiré l'attention. Découverte à une époque où la préhistoire en était encore à ses tout premiers balbutiements, elle fut malheureusement dégagée "manu militari" (effectivement avec l'aide de la troupe !), sans la moindre des précautions qui seraient considérées comme élémentaires aujourd'hui. La seule constatation précise qui nous soit parvenue est que le couloir était bourré de pierrailles sur toute sa longueur, jusqu'au plafond. On ne sait s'il en était de même à l'origine pour la chambre ou si, comme cela semble plus vraisemblable, elle était vide, au moins en partie, lorsque le creusement du cratère mit au jour, probablement dès le Moyen-Age, une anfractuosité permettant de s'y faufiler.

Le plan général est directement inspiré des "dolmens à couloir et chambre simple" qui sont considérés comme le type le plus ancien des tombes mégalithiques de la région (la Table-des-Marchands à Locmariaquer, Kercado ou Mane-Kerioned à Carnac, etc.). Mais ici, quelques particularités frappent l'observateur :

– L'importance extrême du couloir: avec plus de 13m., c'est le plus long connu en Bretagne ; largeur et hauteur y sont quasi-constantes de bout en bout (avec cependant un léger étranglement dans la partie médiane), ce qui contraste avec la tendance à s'évaser aux abords de la chambre que l'on observe habituellement. L'ouverture est pratiquement dirigée vers le sud-ouest, orientation la plus courante pour les monuments de ce type, approximativement (mais ce n'est peut-être qu'une coïncidence) vers le lever du soleil au solstice d'hiver.

Par contraste, la chambre apparaît presque dérisoire ; de plan trapézoïdal (2,55 de long, 2,45m. de largeur au fond mais 2,1m. seulement à l'entrée), elle ne marque qu'un élargissement modeste par rapport au couloir, large de 1,3m. à son débouché. De même, la hauteur intérieure (1,7m. en moyenne) n'est que de peu supérieure à celle du couloir (1,45 à 1,5m.).

Enfin la qualité de la construction est tout à fait exceptionnelle : les blocs ont été manifestement choisis pour ne laisser entre eux que le minimum d'interstices ; certains ont même été retaillés pour s'ajuster au mieux. les fouilles ont aussi montré que les piliers avaient été calés dans une rigole de fondation remplie de sable et que le dallage du sol, lui-même à grands éléments soigneusement ajustés, était établi sur un bourrage de pierrailles épais de 0,5 à 0,8m. assurant un blocage parfait des parois tout en régularisant les accidents du sous sol. La pente générale du terrain est cependant respectée, de sorte que le sol de la chambre se trouve à 1m. au dessus de celui de l'entrée.

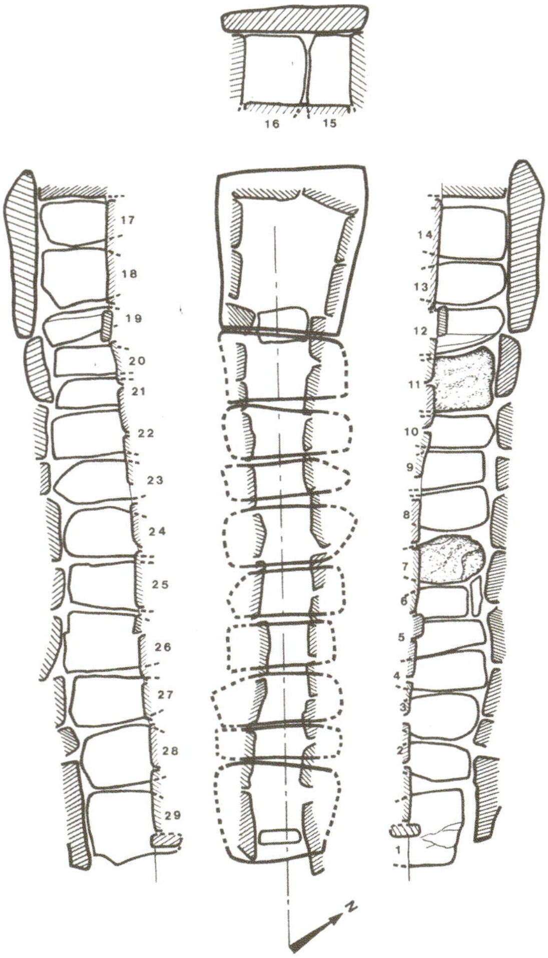

Plan et élévations du dolmen avec ses tables de couverture : la numérotation des dalles suit la nomenclature de Péquart et Le Rouzic (1927).

GAVR'INIS EN BADEN

Gavrinis en 1875 (d'après une planche du Dictionnaire archéologique de la Gaule dont sont également extraits les dessins des gravures - leurs numéros renvoient à la numérotation du plan).

Vue de la Tombelle

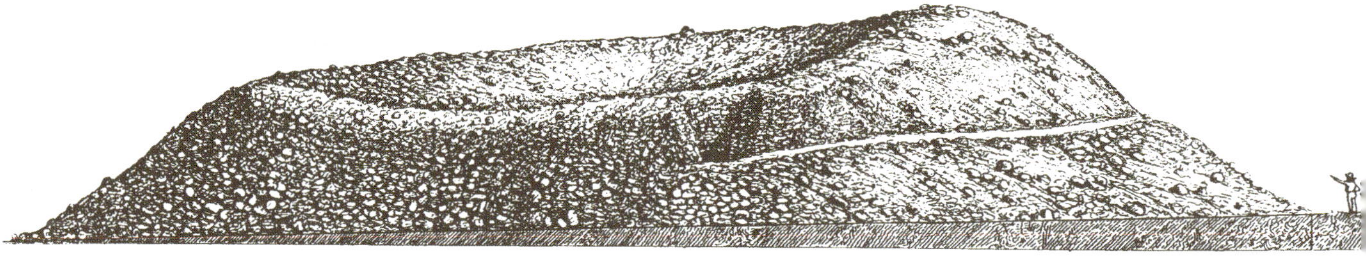

(échelle de 3mm. pour 1m.)

Coupe

(échelle de 3mm. pour 1m.)

Plan de l'Allée couverte

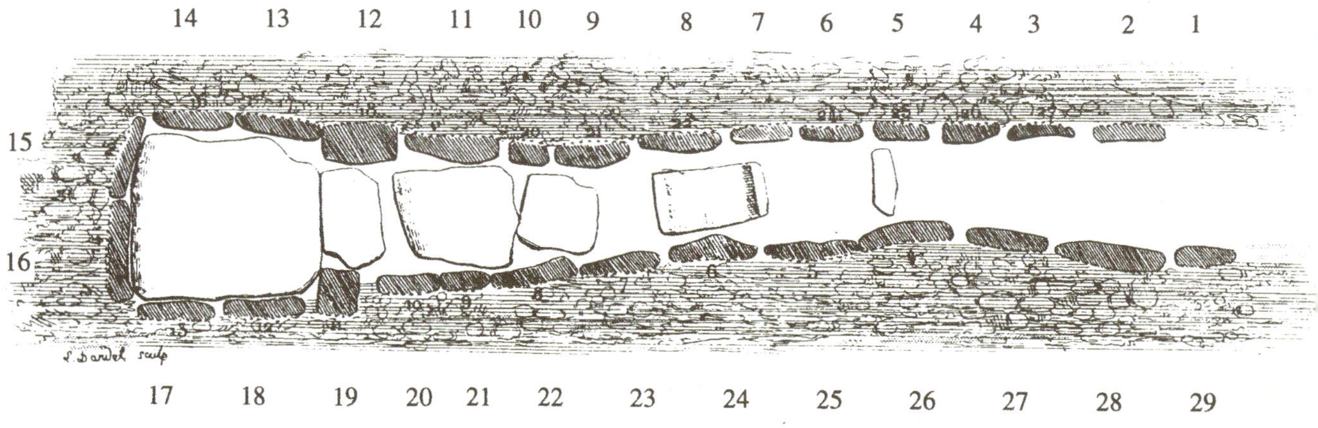

(échelle de 1cm. pour 1m.)

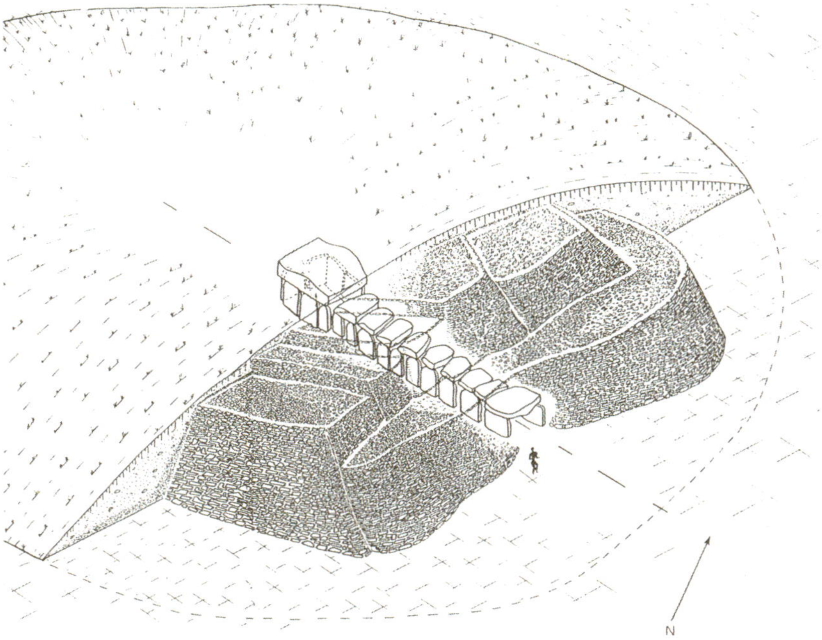

Axonométrie de Gavrinis. Le dolmen vu en transparence dans son cairn quadrangulaire, lui-même recouvert d'un tumulus circulaire (dessin J.-Y. Tinevez).

Le cairn

Les premiers visiteurs n'avaient pas manqué d'identifier l'architecture de la crypte de Gavrinis, à celle des autres "dolmens" de la région, mais ils restaient déroutés par cette situation souterraine à une époque où la complexité des architectures mégalithiques restait totalement à découvrir.

Ce n'est pas le moindre intérêt de Gavrinis, en effet, que d'avoir conservé un cairn presque intact (mis à part le cratère sommital qui, hélas a fait disparaître une occasion sans doute unique de connaître la disposition des parties hautes d'un tel monument). Tel qu'il a été dégagé lors des fouilles de 1979-1984 avec ses parements en maçonnerie de pierre sèche, il se rattache clairement à la famille des "cairns à degrés", habillage classique des tombes à couloir armoricaines.

Trop souvent, l'épierrage a fait disparaître ces structures fragiles ; dans le Morbihan, la restauration de la Table-des-Marchands à Locmariaquer, l'ensemble de Larcuste à Colpo ou surtout le complexe du Petit-Mont d'Arzon don-

La Table-des-Marchands à Locmariaquer est une sépulture mégalithique à chambre et couloir - (© Christophe Renault).

▲ Dalle 3. Grand signe en écusson surmonté de son « rostre » prolongé par des chevrons jusqu'au sommet de la pierre ; à gauche, deux autres écussons accessoires. Dalle 4 à l'arrière-plan.

nent cependant, chacun à leur manière, une idée de ces architectures, parmi les plus anciennes du monde. Par rapport au type le plus courant, le cairn de Gavrinis montre cependant quelques particularités marquantes.

Si la masse des pierres est bien, comme à l'habitude, structurée par une série de parements, les classiques écailles en "pelures d'oignon" font place ici à une organisation bilatérale. La crypte dolménique se trouve en effet au cœur d'un étroit massif trapézoïdal contre lequel viennent se plaquer, de part et d'autre, d'épais contreforts latéraux (trois à gauche et deux à droite). Un placage frontal régularise la façade qui apparaît ainsi maçonnée d'un seul jet. Un "fruit" notable assure la stabilité de cette maçonnerie, certes soignée mais réalisée en moellons bruts assez irréguliers ; la façade devait monter d'un seul jet jusqu'au sommet du monument (le pan de mur le mieux conservé, juste à gauche de l'entrée, atteint encore 4,5 m. d'élévation).

Avec son plan quadrangulaire aux angles arrondis, le cairn de Gavrinis devait se présenter à l'origine comme une sorte de tour très massive en tronc de pyramide, d'une trentaine de mètres de côté et d'au moins 6 à 8m. de haut. Nous ignorons malheureusement tout de l'organisation de la partie supérieure : formait-elle une vaste plateforme ? Les parements des différentes écailles formaient-ils au contraire autant d'énormes gradins ? Le massif axial faisait-il saillie par rapport à l'ensemble ? Y avait-il des superstructures en matériaux périssables ? Autant de questions sans réponse possible.

Dalle 4. De gauche à droite, serpentiformes dressés passant progressivement à des zigzags abstraits et au décor en arceaux. ▼

▲ Dalles 4 et 5. Au premier plan la dalle 4, au second la dalle 5 et son écusson surmonté d'une série de zigzags formant un effet de « drapé ».

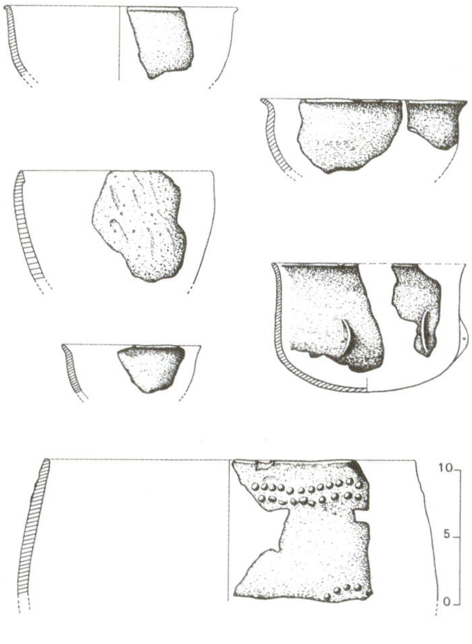

Quelques poteries néolithiques découvertes à Gavrinis.

Le parvis

Nous sommes par contre un peu mieux renseignés sur ce qui se passait devant l'entrée du dolmen. Les fouilles y ont en effet remis au jour, sur près de 300 m^2, le vieux-sol néolithique fréquenté par les utilisateurs du monument. Il se limite malheureusement à un mince lit d'humus brun enveloppant tout juste les aspérités du substratum granitique ; les conditions sont donc beaucoup moins favorables que lorsque l'on peut, comme par exemple autour de la Table-des-Marchands de Locmariaquer, bénéficier de l'action protectrice d'une lente accumulation de sédiments. Malgré cela, outre quelques haches polies et les restes de deux poteries écrasées sur place, des structures intéressantes y ont été retrouvées.

Dalles 5 et 6. Au premier plan la dalle 5, au second la dalle 6 et ses deux séries d'arceaux concentriques opposés en «miroir» de part et d'autre d'une ligne horizontale, simulant une spirale. ▼

Dalle 8. En bas, de gauche à droite, écusson, haches accolées et serpents. Au-dessus, écusson auréolé d'une « chevelure rayonnante » et assorti, à gauche, d'une crosse, à droite, d'une hache et en haut d'une série d'écussons emboîtés. Dalle 9 à l'arrière-plan.

Plusieurs fosses attaquaient le rocher ; la principale, de plus de 6m. de long, atteignait 0,8m. de profondeur. Son comblement, très humique, comportait de nombreuses plaquettes de granite dont la disposition témoignait d'un tassement important, laissant penser que le contenu devait avoir été, au départ, très riche en matière organique. Mais ces fosses comprennaient aussi de nombreux galets éolisés en quartz (les "*dreikanters*" des géologues). La plupart, utilisés comme percuteurs, sont probablement les outils des décorateurs de Gavrinis ; de tels galets (qui se trouvent couramment dans la région) apparaissent en effet particulièrement adaptés à un piquetage intensif mais précis des surfaces de granite.

De nombreuses traces charbonneuses ont également été repérées : longue traînée cendreuse sur plus de 15m. de long en avant de la partie méridionale et "trous de poteaux" ayant conservé, pour une demi-douzaine d'entre eux, le chicot carbonisé du pieu de bois qu'ils étaient destinés à retenir. Bien qu'aucun plan de bâtiment ne soit reconstituable (mais s'agissait-il de bâtiments ?), divers indices montrent que ces structures en bois ont été incendiées immédiatement avant que ce sol ne soit enseveli.

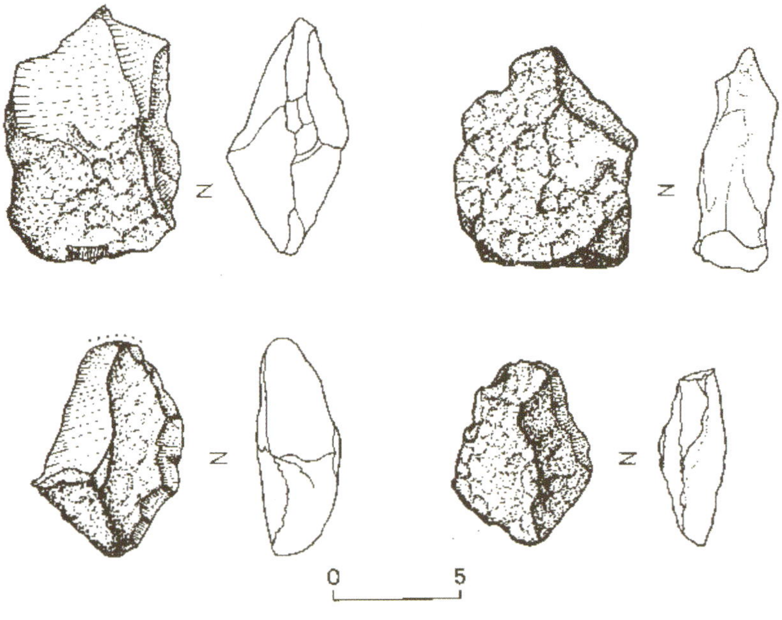

Quelques percuteurs sur dreikanters en quartz

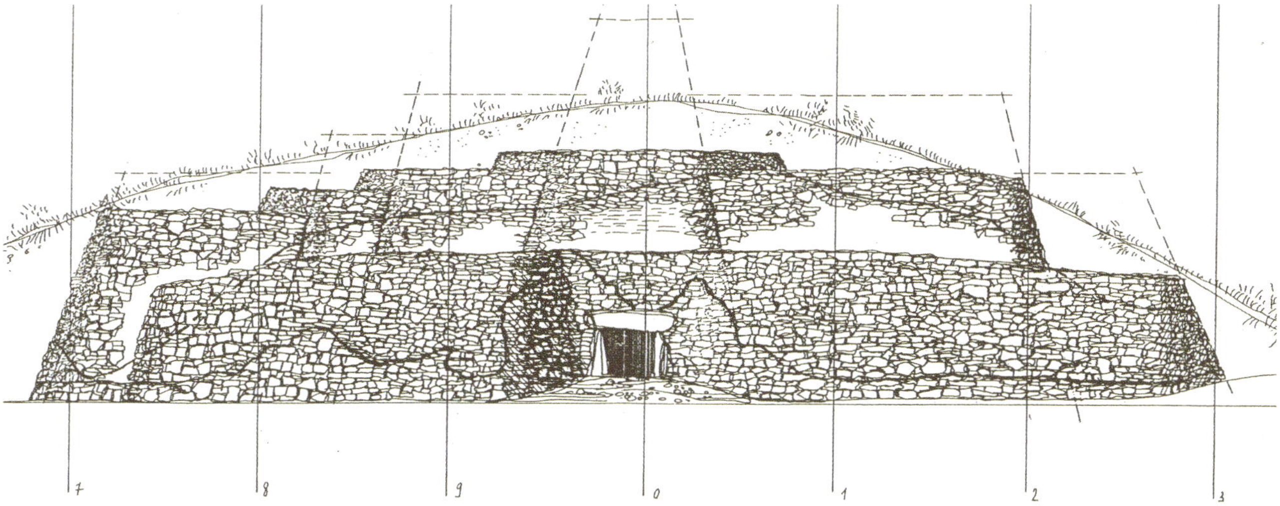

Élévation de la façade restaurée : le trait fort marque le sommet des parements suffisamment bien conservés pour avoir pu être gardés en l'état ; les tiretés indiquent une "hypotèse moyenne" pour les élévations initiales du cairn ; en arrière-plan, profil des tumulus actuel.

Le tumulus de condamnation

Car c'est là une des surprises de la fouille de Gavrinis ; en étudiant la façade et son parvis, on s'est rendu compte que le cairn monumental (dont les parements commençaient tout juste à se dégrader) avait été délibérément dissimulé sous un énorme apport de blocaille lui-même recouverte d'une chape de sable pour former un tumulus aveugle, gigantesque taupinière anonyme d'une cinquantaine de mètres de diamètre.

Grâce au radiocarbone, on sait que l'incendie précédant immédiatement cette condamnation a eu lieu entre 3400 et 2900 avant J.-C. Occultant l'entrée du couloir, elle s'est probablement accompagnée du bourrage de celui-ci, conduisant à la situation qui avait intrigué les premiers explorateurs du siècle dernier. Et c'est sans doute à cette circonstance que l'on doit l'excellent état de conservation des structures carbonisées du parvis comme des parois ornées de la crypte.

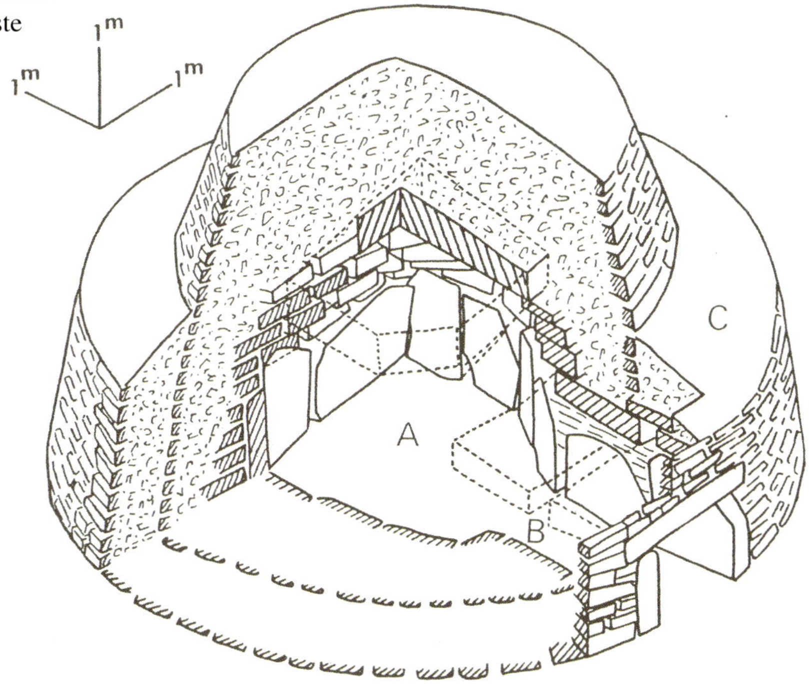

Vue axonométrique d'une sépulture mégalithique à chambre et couloir (d'après J. L'Helgouach). A : Chambre funéraire ; B : Cairn extérieur ; C : Couloir d'accès à la chambre.

L'art de Gavrinis

Quiconque pénètre dans le dolmen de Gavrinis ne peut manquer d'être dérouté par ces pierres "couvertes de dessins bizarres... des courbes, des lignes droites, brisées, tracées et combinées de cent manières différentes", comme l'avait déjà été Prosper Mérimée lors de sa visite de 1835 ; mais un examen attentif montre que ce foisonnement possède néanmoins une clé.

Dalle 9. C'est la composition la plus élaborée de cet ensemble, tout entière dédiée au thème de l'« écusson ».

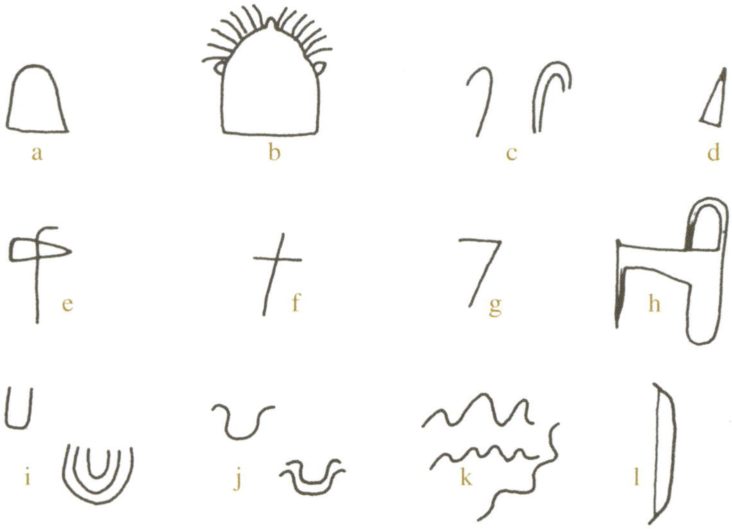

Les principaux signes de l'art mégalithique armoricain :

- Signes en « écusson » : **a**, type simple ; **b**, type complexe avec ses attributs.
- Signes en « crosse » : **c**.
- Figurations de « haches » : **d**, lame seule ; **e**, **f**, **g**, outils emmanchés ; **h**, « hache-charrue ».
- Signes en « U » : **i** et « Juguiformes » ou « corniformes » : **j**.
- Figures « serpentiformes » : **k**.
- Représentation d'un arc : **l**.

Le répertoire de base

Cette clé est fournie par le décor beaucoup plus sommaire des autres tombes à couloir de la région, qui s'organise autour de quelques signes fondamentaux.

– L'écusson est souvent l'élément central ; ce cartouche de forme variable peut s'enrichir de divers attributs : rostre au sommet, crans ou ressauts formant des sortes d'épaulements, boucles latérales, lignes rayonnantes le surmontant. On l'assimile généralement à la représentation très schématique d'une idole anthropomorphe, voire plus précisément une "Déesse-mère", même si rien ne vient ici en rappeler clairement la féminité.

– La crosse est un signe que l'on trouve isolément, par paires ou en groupes volontiers symétriques ; on y voit un symbole d'autorité dérivé de la houlette du berger, signification qui s'est perpétuée jusqu'à nos jours à travers la crosse épiscopale.

– La hache apparaît sous des formes variées : lame seule figurée par un triangle, outil complet tantôt représenté de manière réaliste tantôt symbolisé par une simple croix asymétrique ou une sorte de "7". On la considère comme évoquant la force destructrice (l'association hache-foudre se retrouve dans de nombreuses traditions). Le signe traditionnellement appelé "hache-charrue" pourrait éventuellement en être une variante massive.

– Le "corniforme" est une ligne courbe, ouverte vers le haut et retournée aux extrémités ; on peut y voir la schématisation extrême d'une encornure de bovidé, sachant qu'une divinité taurine était effectivement associée à la "déesse-mère" dans de nombreuses cultures néolithiques.

– Parmi les signes "accessoires", on peut citer des zigzags et méandres parfois clairement serpentiformes, des représentations d'arcs, des cupules, des signes radiés (peut-être solaires), etc.

a

b

a : Dalle 10. Panoplie de haches, chevrons et arceaux.

b : Dalle 12 vue depuis l'entrée : toute la partie centrale est couverte par un grand « écusson » ; deux autres, plus petits, occupent la partie supérieure.

▲ Dalle 12 vue depuis la chambre.

Déchiffrer Gavrinis

A partir de ce vocabulaire de base, il devient possible de mettre un commencement d'ordre dans les lignes qui foisonnent sur les parois de Gavrinis ; sans proposer un décryptage complet, qui reste d'ailleurs encore largement à faire, prenons a titre d'exemple quelques cas simples et significatifs.

– La première dalle ornée à gauche en entrant (n°26) nous fournira un premier exemple ; sur cette composition relativement claire, on reconnaît, à la base, un grand "écusson" semi circulaire pourvu de son rostre sommital et de ses boucles latérales. Ce tracé élémentaire est "travaillé" d'une manière très caractéristique, que l'on retrouvera presque partout dans le monument : le corps de l'écusson est garni de lignes concentriques tandis que ses appendices sont au contraire comme dilatés en auréoles successives.

Mais ce traitement graphique est au service d'une symbolique : le rostre sommital se pare d'un rostre secondaire et de boucles latérales qui se dilatent à leur tour ; ce qui n'était au départ qu'un détail devient signe autonome tout en restant l'émanation du signe primordial (or des couples divins mère-fille sont effectivement attestés à travers l'iconographie de nombreuses cultures néolithiques).

– Presque en face, sur le pilier n°8, un autre écusson montre une association complexe : de forme également arrondie et orné intérieurement de la même manière que le précédent, il est cette fois enveloppé de lignes rayonnantes particulièrement développées qui englobent une crosse à gauche et une lame de hache à droite, comme si la divinité centrale avait été pourvue des attributs de sa puissance. De même, en haut de la dalle n°16, au fond de la chambre, un autre écusson ogival voit son abondante "chevelure" passer de chaque

Dalle 13. La confusion apparente du décor résulte peut-être de phases d'exécution différentes. ▼

▲ Dalle 14. Couverte d'un champ de « crosses » dont la disposition rappelle la Table-des-Marchands à Locmariaquer, cette stèle a été tronquée pour s'insérer dans la paroi de la chambre.

côté à un véritable champ de crosses symétriquement divergentes.

– Le pilier n°24, qui fait légèrement saillie dans le couloir, porte sur son bord gauche la représentation d'un très bel arc de deux flèches et de deux lames de haches. Une telle panoplie, visible depuis l'entrée comme pour une mise en garde, n'est pas unique ; on retrouve un arc plus sommaire mis en situation comparable à Barnenez dans le Finistère et à l'Ile-Longue toute proche.

– Les lames de haches triangulaires dégagées en faux relief sont un autre élément majeur de l'ornementation. Le panneau le plus spectaculaire en regroupe 18 sur le pilier n°21 et leurs représentations sont suffisamment fidèles pour que l'on puisse reconnaître, à peu près grandeur nature, des "haches d'apparat carnacéennes" analogues à celles qui furent recueillies dans les caveaux des grands tumulus de la région et qui font aujourd'hui l'orgueil des musées de Vannes ou Carnac.

Mais dix de ces figurations sont étroitement appariées, ce qui conduit à un curieux rapprochement. On connaît en effet un certain nombre de haches en pierre polie, généralement en fibrolite, qui ont subi un sciage longitudinal (à l'aide d'un fil et de sable abrasif), opération qui produit deux "demi-haches" symétriques. Or parmi les quatre hachettes qui ont été retrouvées en fouilles dans les interstices du pavage de Gavrinis, trois avaient subi ce traitement et l'on peut penser que ce "partage de la hache" devait être un acte de haute valeur symbolique.

Dalles 15 et 16 formant le fond de la chambre.

Le décor de la première (à droite) est relativement confus ; celui de la seconde (à gauche), est au contraire remarquablement élaboré. ▼

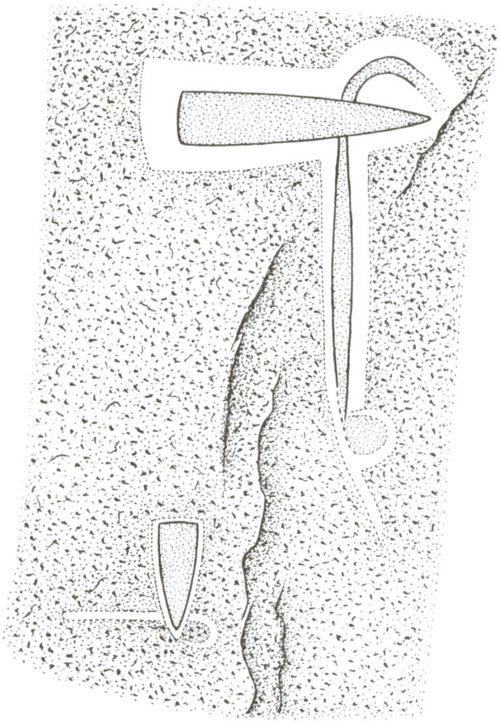

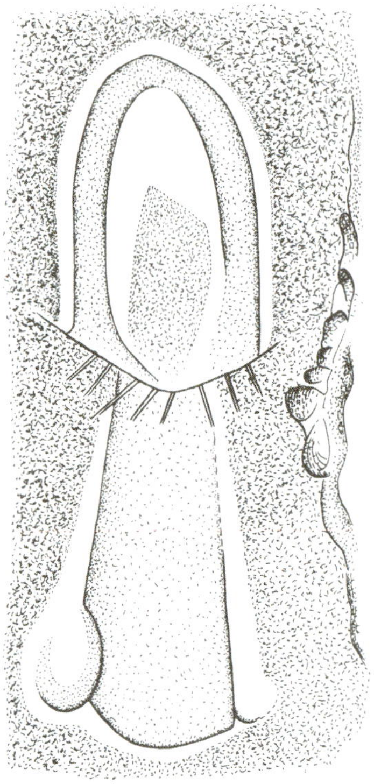

Le décor au verso des piliers n°15 (haches emmanchées) et n°19 (hache dans sa gaine).

La « hache engainée » gravée au verso du pilier n°19 à la jonction chambre / couloir - (© C.-T. le Roux).

Les traces d'un décor antérieur

En 1884 déjà, G. de Clomadeuc notait que certains décors qui se prolongeaient au dessous du pavage ne pouvaient avoir été exécutés qu'avant achèvement de la construction. En fait, plusieurs cas peuvent se présenter que nous allons illustrer par quelques exemples.

Sur le piler n°25 le décor, au demeurant assez confus, paraît s'organiser autour de trois signes, comme si ceux-ci avaient été préexistants :

– en haut à gauche une grande crosse trapue ;

– au centre, un large arceau finement gravé qui se déploie sur toute la largeur de la pierre ;

– en bas à droite, un écusson carré de type archaïque, surmonté d'un petit rostre semi-circulaire.

Cependant, le remploi peut être moins respectueux : en haut du n°17, une petite zone en relief semble être l'ultime reliquat d'une surface primitive déjà travaillée et presque intégralement repiquée pour installer un nouveau décor, mais c'est surtout le n°14, également dans la chambre, qui nous retiendra. Deux rangs superposés de grandes crosses y sont disposées symétriquement suivant une règle assez classique. Le sommet de la dalle a été retaillé sans ménagements pour ramener celle-ci à la même hauteur que ses voisines tout en mutilant le sommet du décor. Les épaulements arrondis qui subsistent amènent à penser que l'on avait là une stèle anthropomorphe comparable, en plus modeste, à celle qui trône au fond de la chambre de la Table-des-Marchands à Locmariaquer.

Le remploi peut aussi amener à retourner la pierre déjà décorée dans une première construction. Seules les fouilles, avec le démontage partiel des structures, ont permis de mettre en évidence plusieurs cas de ce genre, notamment :

- des chevrons emboîtés sur la tranche du n°20 ;
- une lame de hache au dos du n°19 ;
- deux haches emmanchées au dos du n°15 ;
- des chevrons sur la tranche du seuil (le moulage actuel est présenté surélevé pour montrer ce décor, mais l'original était complètement engagé dans le dallage).

Mais c'est la table de couverture de la chambre qui devait fournir l'exemple le plus extraordinaire. Sa face supérieure, tronquée net sur deux côtés opposés, porte en effet un spectaculaire décor avec notamment :

– une énorme "hache-charrue" de près de 3m de long, écornée par une des cassures mais tout à fait comparable à celle qui orne le fragment médian du Grand-Menhir de Locmariaquer ;

– un grand bovin vu de profil, unique dans l'art néolithique occidental mais dont les cornes hypertrophiées divergent à leur sommet, un peu à la manière des extrémités des signes "corniformes" habituels ;

– l'échine et les extrémités des cornes d'un second bovin, recoupé par une cassure de la pierre.

▲ Le grand bovin à longues cornes retroussées du plafond de Gavrinis - (© C.-T. le Roux).

Décor de la face supérieure de la dalle recouvrant la chambre, avec indication des raccords au plafond de la Table-des-Marchands. ▼

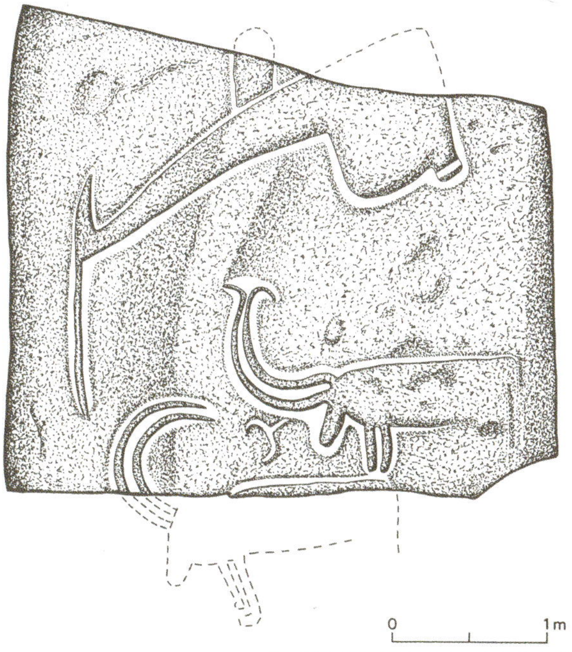

▲ Dalle 16. En haut, écusson à «chevelure» passant latéralement à des séries de crosses. En bas, crosses, haches accolées et signes en U emboîtés.

▲ Dalle 18. Décor confus, sauf les deux pseudo-spirales de la base. Tout en bas, le piquetage préparatoire reste discernable. La cavité centrale et ses arceaux, objet de multiples phantasmes, semble en fait due à l'érosion d'un défaut naturel de la roche.

Le débouché du couloir dans la chambre de Gavrinis ; de face, les dalles 18 et 17 - (H. Ronné). ▼

▲ Dalle 19. Deux écussons superposés, celui du bas à rostre démesuré et « chevelure » latérale, celui du haut associé à des crosses comme sur le n°8.

▲ Dalles 21, 20 et 19. Au premier plan, « panoplie » de 18 lames de haches ; certaines sont accolées par paires comme pour évoquer la bipartition par sciage longitudinal attestée sur certains de ces objets.

Dalle 22. Même cet enchevêtrement assez confus s'organise à partir de l'écusson (deux en bas, un au centre à gauche) et de signes en U (au sommet). ▼

Dalle 23. Incomplètement décorée (deux écussons et crosses), sur un piquetage limité à la partie supérieure, la moins irrégulière. ▼

Le grand voyage d'une dalle de 17 tonnes

La recherche des fragments manquants de cette pierre, qui ne se trouvaient manifestement pas sur place, devait conduire à une conclusion surprenante : une des cassures se raccordait à l'énorme couverture de la Table-des-Marchands de Locmariaquer, la seconde pouvant correspondre au monolithe recouvrant le caveau voisin d'Er-Grah. Ce qui amenait à en envisager qu'un "second grand-menhir" d'environ 14m. de long ait été tronçonné dès le Néolithique à Locmariaquer, un des fragments étant transporté jusqu'à Gavrinis.

Quand ?

Les fouilles menées entre temps à Locmariaquer ont montré que les événements s'y sont bousculés aux alentours de 4000 av. J.-C. et que c'est très certainement vers cette époque qu'il faut situer à la fois le dépeçage de l'alignement qui, on le sait maintenant, jouxtait le "Grand-Menhir" et la construction de la Table-des-Marchands comme du tumulus d'Er-Grah. Tout porte donc à croire que le transport du fragment de stèle date sensiblement de la même époque.

D'autre part, la condamnation de la façade de Gavrinis est intervenue alors que les parements du cairn étaient encore en assez bon état, or des murs en pierre sèche de ce type, soumis à des poussées internes considérables, ne peuvent guère résister plus de quelques siècles. Cette condamnation fait immédiatement suite à l'incendie des structures en bois du parvis, intervenu entre 3400 et 2900 av. J.-C. (les chicots carbonisés des pieux n'auraient jamais résisté à une exposition prolongée aux intempéries). La période d'utilisation de Gavrinis apparaît ainsi assez brève, quelques siècles sans doute.

Essai de reconstitution du grand menhir orné, avant son débitage à Locmariaquer, hauteur totale : environ 14 m - (dessin Y. Lecerf). ▶

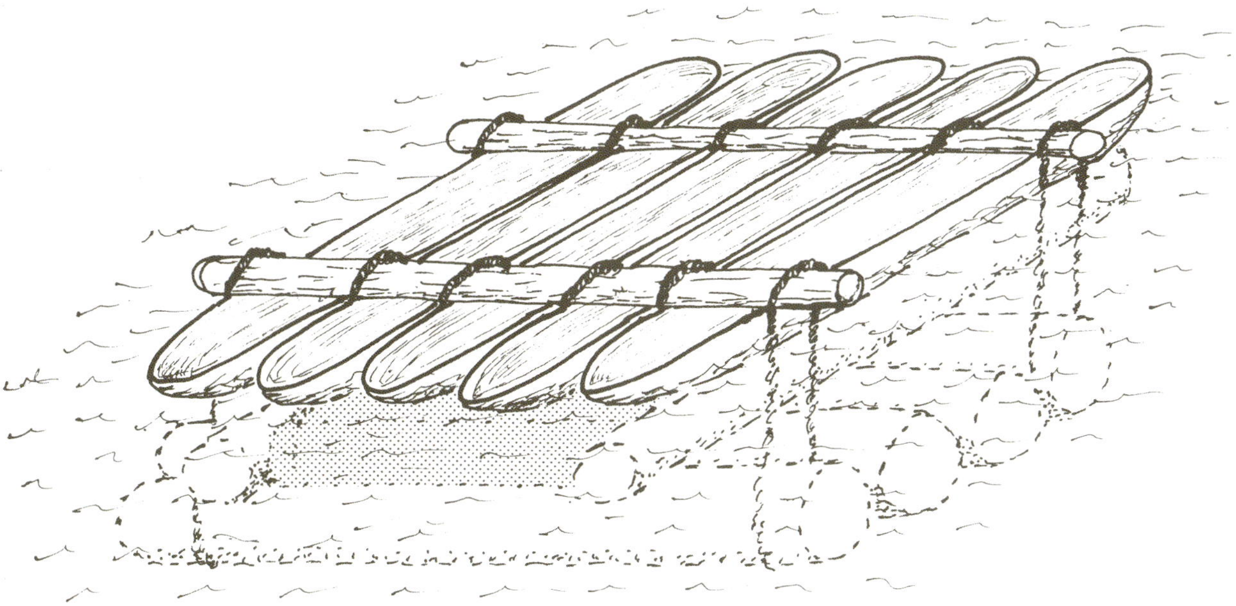

Essai de restitution du transport de la dalle de Gavrinis par flottage sous un radeau de pirogues (dessin C.-T. Le Roux).

Comment ?

L'imagination galope très vite quand on parle de transports de mégalithes ; par rapport à bien d'autres, le cas de la dalle de Gavrinis reste assez modeste : le fragment ne pèse "que" 17 tonnes environ, il est de forme plate et régulière et la distance, 4km. à vol d'oiseau, est loin d'être un record. Qui plus est, un élément favorable est fourni par le voisinage de l'eau.

On peut en effet imaginer la pierre suspendue sous un énorme radeau d'une quarantaine de billes de bois (pour bénéficier au maximum de la poussée d'Archimède). Un tel équipage, abandonné sur une grève de Locmariaquer à marée basse, aurait été pris en charge par le flux ; il suffisait de le guider en jouant sur les courants de marée pour se retrouver échoué au pied de Gavrinis quelques heures plus tard... le plus dur restant alors à faire : haler la dalle sur des rondins jusqu'au sommet !

Pour ce qui est des autres dalles, bien plus modestes (quelques tonnes au maximum), deux sont en quartz dont aucun filon important n'est connu dans la région (mais un tel accident géologique peut ne plus être visible à l'affleurement, précisément parce qu'il a été exploité) ; toutes les autres sont en granite local.

Il est très délicat de conjecturer où ont pu être récupérées les pierres de remploi. La "dalle aux crosses" n°14 était sans doute une stèle aplatie et le n°19 une sorte de colonne.

Manutention expérimentale d'un bloc mégalithique à Bougon (Deux-Sèvres) en 1979 (photographies de Jean-Pierre Mohen). Un bloc de 32 tonnes, fac-similé en ciment de la principale table de l'un des dolmens du site, a été placé et soulevé à l'aide de cordages et de madriers, à la force des bras, par 200 personnes.

Ici : mise en place des rouleaux devant le bloc.

Bougon : mise en place du bloc sur le chemin de roulement en troncs d'arbres.

D'autre part, un air de famille existe entre les chevrons qui ornent les chants du pilier n°18 et du seuil ; tous deux peuvent avoir une même origine mais il est bien difficile d'aller plus loin.

Quand au cairn, il est fait de moellons de granite local dont les arêtes montrent qu'ils ont été pour la plupart récoltés en surface plutôt qu'extraits en carrière. Ces quelque 5000m^3 proviennent sans doute d'un épierrage sélectif des champs et des estrans du voisinage ; n'oublions pas que cette tâche ingrate a pu représenter le plus clair du travail pour une construction de ce genre !

Bougon : traction du bloc de 32 tonnes à la force des bras, par 200 personnes.

Pourquoi ?

Cette question doit être dédoublée: pourquoi construire Gavrinis et pourquoi le condamner quelques siècles plus tard.

Nous avons vu que ce monument se rattache clairement à la famille des dolmens à couloir, classiquement considérés comme des sépultures collectives –les squelettes humains retrouvés chaque fois que les conditions de conservation sont favorables le montrent– et que sa construction intervient en une période de remises en cause dramatiquement attestées par le dépeçage quasi-systématique des mégalithes de première génération dans la région.

Plusieurs particularités amènent cependant à nuancer ici l'habituelle interprétation funéraire :

– L'exiguïté de la chambre, déjà modeste dans l'absolu, ressort encore plus quand on la compare avec la longueur exceptionnelle du couloir qui y conduit ;

– L'ornementation particulièrement somptueuse occupe la quasi totalité des surfaces disponibles, mais on a souligné depuis longtemps que les panneaux les plus soignés se trouvaient dans le couloir plutôt que dans la chambre ;

– L'énorme volume du cairn (4 à 5000m^3) rend encore plus dérisoire celui de la chambre qui en occupe le cœur (8m^3)

La qualité de la construction montrant que le plan du monument avait été mûrement pesé, on est tenté de hiérarchiser ses fonctions possibles à partir de leur "poids" architectural.

Le rôle majeur reviendrait alors au cairn, qui s'imposait au regard de tous sur son belvédère dominant la rivière (des photos anciennes, alors que la végétation de l'île était rase, nous donnent une idée de son impact dans le paysage). Abondant dans le sens de l'archéologue britannique Colin Renfrew, on peut le considérer à la fois comme un marqueur de territoire et comme un symbole d'identité collective pour ses bâtisseurs.

Bougon : les rouleaux sont ici mis en place devant le bloc, sur le chemin de roulement en troncs d'arbres, avant un essai de traction.

▲ Dalle 24. Décor composite où l'on remarque essentiellement un arc accompagné de deux flèches et d'une hache, à gauche d'une colonne de chevrons emboîtés.

▲ Dalle 25. Une grande crosse (en haut) et deux écussons quadrangulaires (en bas) semblent appartenir à un premier décor, surchargé de chevrons et d'arceaux pour l'adapter au « style de Gavrinis » développé sur les dalles voisines.

A l'intérieur, le couloir avait certainement une fonction primordiale. On peut par exemple avancer celle du chemin initiatique (le problème reste posé de savoir si c'était pour les vivants, pour les défunts ou pour établir une subtile connivence entre eux) ; ce n'est sans doute pas un hasard si l'idole la plus facile à déchiffrer se trouve dès l'entrée, si la panoplie guerrière monte une garde silencieuse à mi-parcours, si l'on est amené à fouler aux pieds deux effigies d'écussons géminés au moment de pénétrer dans la chambre ou si la pente du terrain permettait encore d'apercevoir la mer mais plus le ciel depuis le fond de la crypte...

Faute de rien connaître de son éventuel contenu, il est bien difficile d'interpréter le rôle de cette chambre, sinon comme l'aboutissement du cheminement que nous venons d'évoquer. Toutes les hypothèses sont permises, mais le peu que nous entrevoyons de la pensée religieuse des bâtisseurs de ce chef-d'œuvre doit nous inciter au respect ; exorcisons au moins les fantasmes grand-guignolesques qu'ont pu éveiller chez certains les trop fameux "anneaux de torture" qu'un curieux jeu de la nature a ménagés dans la paroi du pilier n°18 (et dont rien ne prouve qu'ils

▲ Le couloir de Gavrinis ; au premier plan, les dalles 6 (à droite) et 25 (à gauche) - (H. Ronné).

n'aient pas été soigneusement bouchés avec un enduit à l'époque : certaines lignes du décor se prolongent en effet de part et d'autres des cavités).

Le pourquoi du colmatage du couloir et de l'occultation du cairn monumental sous un tumulus aveugle est tout aussi difficile à saisir ; constatons que le phénomène n'est pas isolé –il a aussi été notamment constaté à l'Ile-Carn et à Saint-Thois dans le Finistère– et qu'il intervient, dans les trois cas, au moment où le monde des bâtisseurs de mégalithes armoricains semble basculer une seconde fois avec les importants changements qui accompagnent dans la région la mise en place des cultures du Néolithique final.

Dalle 26. Cette première surface décorée, à l'entrée du couloir, montre deux grands écussons superposés particulièrement lisibles. ►

En conclusion

Gavrinis apparaît ainsi comme l'apothéose du premier art mégalithique armoricain, comme l'aboutissement d'une lente maturation esthétique et symbolique qui s'étale sur trois quarts de millénaire et qui a commencé dès la construction des premiers dolmens à couloir, avec le cairn de Barnenez par exemple. mais ce feu d'artifice est aussi un chant du cygne ; le flambeau de l'art mégalithique armoricain sera certes repris, mais sur de nouvelles bases : avec l'art des sépultures coudées (comme les Pierres Plates de Locmariaquer) dans le Morbihan et, un peu plus tard, dans un esprit tout différent, avec celui des allées-couvertes (par exemple à Commana), dans le centre, le nord et l'est de l'Armorique.

En haut : vue aérienne du cairn à la pointe sud de l'île. De ce côté, l'estran descend rapidement vers le ravin submergé où un puissant courant de marée est sans doute à l'origine du nom de Gavrinis.

En bas : pointe sud de l'île de Gavrinis ; vue générale depuis Er-Lannic - (© C.-T. le Roux).

b

Table des dalles

c

a

a : Le débouché du couloir dans la chambre de Gavrinis ; de face, les dalles 18 et 17 - (H. Ronné).

b : Dalle 9. C'est la composition la plus élaborée de cet ensemble, tout entière dédiée au thème de l'« écusson ».

c : Dalle 19. Deux écussons superposés, celui du bas à rostre démesuré et « chevelure » latérale, celui du haut associé à des crosses comme sur le n°8.

d : Dalle 3. Grand signe en écusson surmonté de son « rostre » prolongé par des chevrons jusqu'au sommet de la pierre ; à gauche, deux autres écussons accessoires. Dalle 4 à l'arrière-plan.

d

TABLE DES MATIÈRES

▲ Intérieur du dolmen : au fond du couloir aux parois somptueusement ornées, un « seuil » marque l'entrée de la chambre - (H. Ronné).

◄ Dalle n°21. Dans la série de 18 haches, certaines sont appariées à la manière des haches réelles sciées en deux longitudinalement.

Ce livre a été imprimé et broché par POLLINA, 85400 Luçon- n°L52994.

Imprimé en France